Die Wurzeln des Quillings liegen einige Jahrhunderte zurück. Ursprünglich stellte man aus goldgefassten Pergamentstreifen Papierfiligrane her, die den kostbaren Altarschmuck in Kirchen imitieren sollten. Zum Aufwickeln verwendete man einen Federkiel, der auf Englisch „quill“ heißt. Daher hat das Hobby seinen Namen.

Das Quillen war im 18. Jahrhundert sehr populär bei modebewussten jungen Damen der Gesellschaft. Damals war es beliebt, zarte Dekorationen aus schmalen Papierbändern zu fertigen. Nicht nur in England, sondern auch in Frankreich und Amerika wurde gequillt. In den USA lehrte man Quilling sogar in Schulen. Im folgenden Jahrhundert geriet das besinnliche Hobby in Vergessenheit.

Inzwischen feiert die Kunst des Papierwickelns ihr Comeback. Kein Wunder, lässt sich doch mit etwas Geschick aus einfachen Streifen allerlei machen. Egal ob du etwas Buntes, Freches, Fröhliches, Verspieltes oder Romantisches suchst – hier ist bestimmt die passende Idee für dich dabei.

Viel Spaß beim Wickeln und Gestalten!

Zarte Ranken und niedliche Marienkäfer zieren diese Memotafel.

Dekorative Magnetwand

mit Marienkäfern

MOTIVHÖHE
ca. 39 cm

MATERIAL
* Magnetwand, 29 cm x 39 cm
* Acrylfarbe in Schwarz und Weiß
* 3 Marienkäfer aus Magnetfolie, 5,5 cm hoch
* 6 Wackelaugen, ø 6 mm
* 8 Pompons in Schwarz, ø 7 mm

Tonpapierstreifen in
* 3 x Rot, 5 mm breit, 30 cm lang
* 3 x Schwarz, 5 mm breit, 20 cm lang
* 11 x Hellgrün, 5 mm breit, 30 cm lang

1 Streiche den Rahmen der Magnetwand in Weiß und die Marienkäfermagnete in Schwarz. Lass beides gut trocknen.

2 Für die Körper der Marienkäfer quillst du aus den roten Streifen 3 cm große Kreise. Ziehe die mittleren Rundungen zum Rand und klebe sie dort fest.

3 Für die Köpfe mache 2 cm große Kreise. Forme sie mit Daumen und Zeigefinger halbmondförmig, indem du die Mitte eindrückst und die Streifen an den Seiten zu Spitzen kneifst.

4 Klebe Kopf und Körper zusammen und befestige die Tiere dann mit Bastelkleber auf den Magnetfolienformen. Ergänze die Wackelaugen und Pompons.

5 Für die sieben großen Blätter der Ranke verwendest du 30 cm lange, hellgrüne Streifen. Quille sie auf 2 cm Durchmesser und drücke sie an den gegenüberliegenden Enden spitz zulaufend zusammen.

6 Die kleinen Blätter bestehen aus 15 cm langen Stücken. Schneide dafür drei Streifen in der Mitte durch und quille fünf Kreise mit 1,5 cm Durchmesser, die du wie vorher spitz ausformst.

7 Die zwei Ranken sind 15 cm und 30 cm lang, sie werden an den Enden je 1 cm eingedreht. Befestige die Blätter an den Ranken und diese mit schmalen Streifen doppelseitigem Klebeband oder Bastelkleber in den Ecken der Magnetwand.

Linda hat Mülldienst
Papa anrufen!
-Mi- Training
Peters Geburtstag am -Do-!
Mama: 0178-4356674
Hausaufgaben sind doof!

Blütenzauber

bunte Blumen zum Verzieren

MOTIVHÖHE
Blüten ca. 3 cm

MATERIAL
PRO BLÜTE

* 3 Tonpapierstreifen in der gewünschten Farbe, 5 mm breit, 30 cm lang
* Pompon in der gewünschten Farbe, ø 7 mm

1 Für jede Blume benötigst du fünf Streifen mit 15 cm Länge. Schneide dafür die langen Papierstreifen in der Mitte durch.

2 Quille die Streifen und lass sie in der Kreisschablone auf 1,5 cm aufspringen.

3 Forme die Kreise zu Tropfen, indem du eine Seite des gequillten Kreises zwischen Daumen- und Zeigefinger zu einer Spitze zusammendrückst.

4 Klebe die Einzelteile auf dem ausgewählten Untergrund, beispielsweise ein Geschenkkarton oder eine Geschenktüte, zusammen. Als Blütenmitte klebst du einen bunten Pompon auf.

Meine Tipps für dich

Alles blüht Mit den Blüten kannst du alles Mögliche verzieren, nicht nur Geschenkverpackungen. Auch Karten, Bilder, Windlichtgläser, Blumentöpfe und vieles mehr sehen hübsch damit aus.
Bei glatten Untergründen, wie Gläsern, verwende am besten durchsichtiges doppelseitiges Klebeband zum Aufsetzen der Blüten. Das ist leichter zu handhaben und hält besser als Kleber. Du kannst dieses Klebeband in verschiedenen Breiten im Hobbyfachhandel kaufen.

Blumenbox und Scrapbook

darin sind Erinnerungsstücke hübsch verpackt

MOTIVHÖHE
Box ca. 12 cm
Notizbuch ca. 22 cm

MATERIAL

TASCHE

* Holztasche in Natur, 17 cm x 13 cm

Tonpapierstreifen in

* 4 x Rosa, 5 mm breit, 30 cm lang
* 5 x Hellgrün, 5 mm breit, 30 cm lang

SCRAPBOOK

* Spiralheft mit festem Umschlag und drei Ausschnitten in Natur, 15 cm x 21,5 cm

Tonpapierstreifen in

* 4 x Rosa, 5 mm breit, 30 cm lang
* 3 x Hellgrün, 5 mm breit, 30 cm lang
* Rest Tonpapier in Elfenbein

Tasche

1 Schneide die rosafarbenen Papierstreifen in der Mitte durch, sodass du acht 15 cm lange Streifen erhältst. Quille diese Streifen zu Kreisen von 1 cm Durchmesser.

2 Für die Blätter schneidest du vier hellgrüne Streifen in der Mitte durch und machst daraus Kreise mit 1,3 cm Durchmesser. Aus diesen formst du durch Zusammendrücken an zwei gegenüberliegenden Enden Blätter.

3 Die Stiele sind je 2,5 cm lang. Diese Stücke schneidest du aus dem übrigen Papierstreifen zu.

4 Knicke die Stiele am Ende etwa 5 mm um und klebe die Blüten daran fest. Nun noch die Blätter an die Stiele kleben.

5 Zum Schluss alle Teile mit Bastelkleber auf der Tasche anbringen.

Scrapbook

1 Beklebe die vordere Umschlagseite des Notizbuches von innen mit elfenbeinfarbenem Tonpapier. Das Papier schneidest du an allen Seiten ca. 5 mm kleiner zu.

2 Die Ausschnitte sind mit Papierröschen und Blättern verziert, die du wie oben beschrieben aus vier 15 cm langen Papierstreifen anfertigst.

3 Der mittlere, V-förmige Stiel wird so gemacht: Schneide einen 5 cm langen Streifen zu und knicke ihn erst in der Mitte, dann an beiden Enden 5 mm um. An die Enden klebst du die Blüten, an beide Außenseiten des „V" die Blätter.

4 Klebe die Papierröschen mit Bastelkleber in die Ausschnitte. Ergänze dann noch die zwei rosafarbenen Streifen an den Rändern.

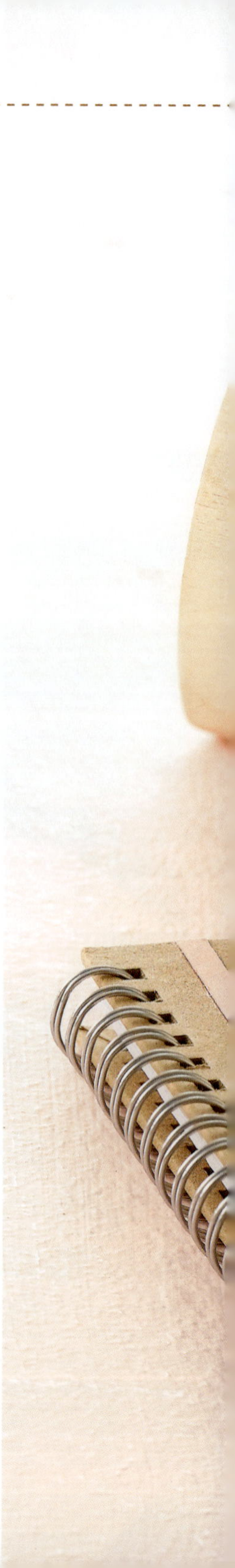

Bunte Zootiere

putzmunter und vergnügt

MOTIVHÖHE
Elefant ca. 9 cm
Papagei ca. 6 cm
Pandabär ca. 8 cm
Löwe ca. 7 cm
Eisbär ca. 7 cm
Affe ca. 8 cm

MATERIAL

AFFE
Tonpapierstreifen in
* 6 x Beige, 1,3 cm breit, 30 cm lang
* 3 x Braun, 1,3 cm breit, 30 cm lang
* 1 x Creme, 5 mm breit, 10 cm lang
* 1 x Gelb, 5 mm breit, 25 cm lang
* Tonpapierreste in Braun, Beige und Gelb

EISBÄR
Tonpapierstreifen in
* 7 x Weiß, 1,3 cm breit, 30 cm lang
* 1 x Rosa, 1,3 cm breit, 20 cm lang
* 1 x Schwarz, 5 mm breit, 20 cm lang
* Tonpapierrest in Weiß

PAPAGEI

Tonpapierstreifen in

* 3 x Rot, 1,3 cm breit, 30 cm lang
* 2 x Blau, 1,3 cm breit, 30 cm lang
* 1 x Grün, 1,3 cm breit, 30 cm lang
* 2 x Gelb, 1,3 cm breit, 30 cm lang
* 1 x Schwarz, 1,3 cm breit, 30 cm lang
* Tonkartonreste in Rot und Gelb

LÖWE

Tonpapierstreifen in

* 7 x Gelb, 1,3 cm breit, 30 cm lang
* 2 x Braun, 1,3 cm breit, 30 cm lang
* 1 x Braun, 5 mm breit, 30 cm lang
* Tonpapierreste in Gelb und Braun

ELEFANT

Tonpapierstreifen in

* 8 x Grau, 1,3 cm breit, 30 cm lang
* 2 x Rosa, 1,3 cm breit, 30 cm lang
* Tonpapierrest in Grau

PANDABÄR

Tonpapierstreifen in

* 6 x Schwarz, 1,3 cm breit, 30 cm lang
* 3 x Weiß, 1,3 cm breit, 30 cm lang
* 2 x Hellgrün, 5 mm breit, 30 cm lang
* 1 x Beige, 5 mm breit, 30 cm lang
* 1 x Schwarz, 5 mm breit, 30 cm lang
* Tonpapierrest in Weiß

VORLAGE

Bogen A

Affe

1 Klebe für den Körper des Affens jeweils 1,5 Streifen in Braun und Beige zusammen und quille sie zu einem Kreis von 4 cm. Beginne beim Aufwickeln mit Beige. Ziehe die inneren Rundungen zur Seite und klebe sie dort fest. Dann drückst du den Körper in eine ovale Form.

2 Für den Kopf brauchst du einen 2,5 cm großen Kreis aus einem 30 cm langen braunen Papierstreifen. Klebe ihn auf den Körper.

3 Für jede Hand und jeden Fuß benötigst du einen 15 cm langen Streifen in Beige, den du zu einem 1,1 cm großen Kreis quillst.

4 Für die Ohren quille jeweils einen 20 cm langen beigefarbenen Streifen zu einem 1,4 cm großen Kreis und drücke diesen zum Halbmond.

5 Die Banane entsteht aus dem cremefarbenen Streifen, den du auf einer Länge von 1,5 cm um den Quillingstab drehst. Das Streifenende festkleben. Für die Bananenschale den gelben Streifen um den Quillingstab drehen, sodass sie 2 cm lang ist. Vom Stab abziehen und die Banane auf die Schale kleben.

6 Schneide die einzelnen Bananenschalen nach Vorlage aus und klebe sie um die Banane.

7 Dann die Kopfteile ausschneiden, bemalen und zusammenkleben. Klebe den Papierkopf auf die gequillte Form.

Eisbär

1 Klebe für den Körper drei Streifen in Weiß aneinander und quille daraus einen 4 cm großen Kreis. Ziehe die inneren Rundungen zu einer Seite und klebe sie fest.

2 Für den Kopf brauchst du einen 30 cm langen Streifen, aus dem du einen 2,5 cm großen Kreis machst.

3 Für die Hände und Füße quille jeweils 15 cm lange Streifen zu 1,1 cm großen Kreisen.

4 Für die Ohren klebe jeweils einen 10 cm langen Streifen in Weiß und Rosa zusammen und quille daraus einen 1,4 cm großen Kreis. Beginne mit Rosa und drücke den Kreis anschließend halbmondförmig zusammen.

5 Die Nase besteht aus einem 20 cm langen Streifen. Wickle ihn eng um den Quillingstab, klebe das Ende fest und forme daraus ein Dreieck.

6 Dann das Kopfteil ausschneiden und bemalen. Nun kannst du die Körperteile zusammen- und die Nase in der Kopfmitte aufkleben.

Papagei

1 Klebe für den Papageienkörper mehrere Streifen aneinander: 15 cm in Grün, 20 cm in Blau, 25 cm in Rot und 30 cm in Gelb. Quille den langen Streifen, mit Grün beginnend, zu einem 3,7 cm großen Kreis. Daraus formst du einen Tropfen.

2 Quille für den Kopf einen 20 cm langen roten Streifen auf 2 cm Durchmesser. Klebe den Kopf an den Körper.

3 Der Papageienschwanz entsteht aus drei 15 cm langen Streifen in Blau, Rot und Gelb. Rolle sie bis auf 4,5 cm Rest auf und klebe sie an den Enden zusammen. Den Schwanz unter den Körper kleben.

4 Für die Füße quillst du zwei Streifen von je 10 cm Länge zu 1 cm großen Kreisen, die du halbmondförmig ausformst.

5 Die Kopffeder wird aus einem 10 cm langen Streifen in Hellgrün gequillt, den du bis auf 1,5 cm Rest aufrollst und am Kopf befestigst.

6 Zuletzt noch das Gesicht ausschneiden, bemalen und auf den Kopf kleben.

Löwe

1 Für den Löwenkörper drei Streifen in Gelb zusammenkleben und 4 cm große Kreise quillen. Die inneren Rundungen zur Seite ziehen und festkleben.

2 Für den Kopf quille einen 2,5 cm großen Kreis in Braun.

3 Die Füße und Ohren bestehen aus vier gelben Streifen von je 20 cm Länge, die du zu 1,4 cm großen Kreisen quillst und wie Halbmonde formst.

4 Das Gesicht ausschneiden. Für die Mähne brauchst du zwei Kreise (siehe Vorlage), die du rundum einschneidest.

5 Rolle für den Schwanz von einem 17 cm langen, braunen Streifen 14 cm auf und lass den Streifen zu einem 1 cm großen Kreis aufspringen. Das gebogene Ende festkleben. Biege den Streifen am Ende des geraden Stückes um und klebe den Schwanz fest.

Elefant

1 Für den Körper klebe drei graue Streifen zusammen und quille daraus einen Kreis mit 4 cm Durchmesser. Die inneren Rundungen zur Seite ziehen und festkleben.

2 Für den Kopf einen Streifen auf 2,5 cm Durchmesser quillen.

3 Für die Arme und Beine brauchst du vier Streifen mit 15 cm Länge, die du zu 1,1 cm großen Kreisen quillst und halbmondförmig ausformst.

4 Für den Elefantenschwanz rolle einen 17 cm langen Streifen 14 cm weit auf. Quille daraus einen 1 cm großen Kreis, die restlichen 3 cm bleiben außen lose stehen. Klebe die Enden fest und drücke die gegenüberliegenden Seiten spitz zulaufend in Form.

5 Die Elefantenohren bestehen jeweils aus einem Streifen in Rosa und einem halben Streifen in Grau. Beginne beim Aufrollen mit Rosa und quille 3 cm große Kreise, die du seitlich an den Kopf klebst und oben spitz zulaufend zurechtdrückst.

6 Das Gesicht und den Rüssel ausschneiden und bemalen. Nun kannst du alle Teile zusammenkleben.

Pandabär

1 Für den Körper klebe jeweils 1,5 Streifen in Weiß und Schwarz zusammen und quille daraus einen 4 cm großen Kreis.

2 Aus einem weißen Streifen quillst du einen 2,5 cm großen Kreis für den Kopf. Klebe den Kopf an den Körper.

3 Die Hände und Füße bestehen aus vier schwarzen Streifen von je 15 cm Länge, die du zu Kreisen von 1,1 cm Durchmesser quillst.

4 Für die Ohren quille je einen Streifen von 20 cm Länge zu einem 1,4 cm großen Kreis. Forme die Kreise zu Halbmonden.

5 Der Stiel des Bambuszweiges ist aus einem 15 cm langen beigefarbenen Streifen gedreht, der auf einer Länge von 4 cm um den Quillingstab gewickelt und festgeklebt wird.

6 Für die Blätter quille zwei Streifen von je 20 cm zu 1,2 cm großen Kreisen und drücke diese an zwei gegenüberliegenden Seiten spitz zulaufend zusammen.

7 Die Nase besteht aus einem 20 cm langen Streifen in Schwarz. Wickle ihn eng um den Quillingstab und drücke ihn zum Dreieck.

8 Nun das Kopfteil ausschneiden und bemalen. Zuletzt klebst du die Körperteile zusammen und setzt die Nase auf.

Herzen, wohin man schaut: Hübsch gebogen ist der Halter, filigran gewickelt sind die Verzierungen.

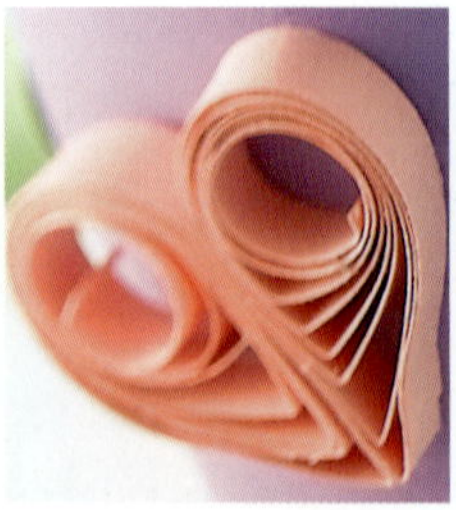

Hübsche Bilderhalter

in bunten Farben

MOTIVHÖHE
ca. 15 cm

MATERIAL
* 3 Tontöpfe, ø 5,5 cm, 5 cm hoch
* etwas Steckmasse oder Gips
* Acrylfarbe in Türkis, Hellgrün, Flieder, Pink, Mango und Hellblau
* grobkörniger Sand in Natur
* 3 Metallbilderhalter in Silber, 12 cm hoch

Tonpapierstreifen in
* 8 x Rosa, 5 mm breit, 30 cm lang
* 6 x Hellgrün, 5 mm breit, 30 cm lang
* 6 x Hellblau, 5 mm breit, 30 cm lang

1 Bemale die Tontöpfe in Mango, Flieder und Türkis. Lass die Farben trocknen und gestaltet die Ränder dann wie abgebildet. Abermals trocknen lassen, dann kannst du mit dem Stielende deines Pinsel kleine Punkte auftupfen. Wieder gut trocknen lassen.

2 Drücke die Steckmasse in die Tontöpfe oder befülle sie mit etwas Gips. Diesen rührst du nach den Verpackungshinweisen an. Lege den Fußboden mit einem Rest Plastikfolie aus und gieße den Gips in die Töpfchen.

3 Stecke die Bilderhalter gerade in die Mitte der Töpfchen. Den Gips gut trocknen lassen. Dann die Oberfläche mit Bastelkleber bestreichen und den Sand darauf streuen.

4 Die Tontöpfe sind mit Herzchen verziert. Du brauchst drei große und zwei kleine Herzen in Rosa sowie jeweils ein großes und vier kleine in Hellgrün und Hellblau.

5 Für die großen Herzen quillst du zwei Streifen von 30 cm Länge zu Kreisen von 1,8 cm. Forme Tropfen daraus. Zwei Tropfen bilden ein Herz.

6 Klebe die Herzhälften zusammen, bestreiche das Herz auf der Rückseite mit Bastelkleber und drücke es auf die Tontöpfe.

7 Für die kleineren Herzen brauchst du 15 cm lange Streifen, die du zu 1,4 cm großen Kreisen quillst.

Sa.
16^{00} Uhr
Zoo

Zwei Wetterfrösche

quaken der Sonne entgegen

MOTIVHÖHE
ca. 28 cm

MATERIAL
* Einmachglas, ø 9,5 cm, 16 cm hoch
* Holzleiter in Weiß, 23 cm hoch
* grobkörniger Sand in Natur
* 4 Wackelaugen, ø 8 mm

Tonpapierreste in
* Hellgrün und Rot
* 16 Tonpapierstreifen in Hellgrün, 1,3 cm breit, 30 cm lang

VORLAGE
Bogen A

1 Für jeden Froschkörper klebst du zwei Streifen aneinander und kürzt diesen langen Streifen auf 50 cm. Quille daraus einen Kreis mit 3 cm Durchmesser.

2 Für die Köpfe quillst du aus jeweils einem Streifen einen 2,5 cm großen Kreis. Klebe den Kopf an den Körper.

3 Schenkel des Frosches auf der Leiter: Quille zwei Streifen zu jeweils 2,3 cm großen Kreisen und lass die Streifen 1 cm überstehen, bevor du sie festklebst. Ziehe die inneren Rundungen zum Rand und klebe sie fest.

4 Füße: Du brauchst zwei Streifen von 15 cm Länge. Wickle jeden eng um den Quillingstab und klebe die Röhren an die überstehenden Enden der Schenkel.

5 Zehen: Für die Zehen brauchst du zwei Streifen von je 20 cm Länge. Knicke jeden in der Mitte und rolle beide Enden dann bis auf einen Rest von 1 cm zur Mitte hin auf. Für den mittleren Zeh quillst du jeweils einen 10 cm langen Streifen bis auf einen Rest von 1 cm. Biege den Rest am Ende um und klebe den Zeh zwischen die äußeren Zehen.

6 Das Gesicht ausschneiden, bemalen und die Wangen aufmalen. Die Zunge nach Vorlage zuschneiden, an einem Ende umbiegen und aufkleben. Ergänze die Wackelaugen und klebe den Frosch auf die oberste Stufe der Leiter.

7 Der Frosch auf dem Glasrand wird genauso gebastelt, nur seine Beine unterscheiden sich. Du brauchst dafür zwei Streifen von je 30 cm Länge. Diese knickst du in der Mitte und quillst die Enden von beiden Seiten bis auf 2,5 cm lange Reststücke. Klebe die Beine seitlich an den Körper und ergänze die Zehen.

8 Den Glasboden mit Sand füllen und Frosch und Leiter hineinstellen. Den anderen Frosch setzt du wie abgebildet auf den Glasrand.

Bilderrahmen und Schatztruhe

für Prinzessinnen

MOTIVHÖHE
Bilderrahmen ca. 21 cm
Schatztruhe ca. 8 cm

MATERIAL
BILDERRAHMEN

* Bilderrahmen aus Holz mit Herzausschnitt, 16,5 cm x 20,5 cm
* Acrylfarbe in Weiß

Tonpapierstreifen in

* 12 x Rosa, 5 mm breit, 30 cm lang
* 4 x Gold, 5 mm breit, 30 cm lang

SCHATZTRUHE

* Pappmachétruhe mit gewölbtem Deckel, 12 cm x 8 cm x 8 cm
* Acrylfarbe in Pink und Weiß

Tonpapierstreifen in

* 4 x Gold, 5 mm breit, 30 cm lang
* 3 x Rosa, 5 mm breit, 30 cm lang

Bilderrahmen

1 Bemale den Bilderrahmen in Weiß und lass ihn gut trocknen.

2 Die Herzchen sind aus jeweils zwei Tropfen zusammengesetzt. Quille dafür zwei Streifen zu Kreisen von 1,8 cm Durchmesser, ziehe die inneren Rundungen zum Rand und klebe sie fest. Dann zu Tropfen formen und zusammenkleben.

3 Für die Ranken unter den Herzen knickst du einen 2,4 cm langen Streifen in der Mitte und rollst die Enden mit dem Quillingstab von beiden Seiten zur Mitte hin. Lass einen Rest von 2 cm übrig und klebe die Streifenenden fest.

4 Für die Kronenspitze brauchst du drei Streifen. Quille sie jeweils zu 2,2 cm großen Kreisen, ziehe die inneren Rundungen zum Rand und klebe sie fest. Drücke die gegenüberliegenden Seiten spitz zulaufend zusammen.

5 Für den unteren Teil der Krone einen 30 cm langen Streifen zu einem 1,5 cm großen Kreis quillen, festkleben und an zwei gegenüberliegenden Seiten spitz zulaufend zusammendrücken.

6 Klebe die Einzelteile wie abgebildet fest.

Schatztruhe

1 Bemale die Schatztruhe in Pink. Nach dem Trocknen male ein 9 cm x 5,5 cm großes Rechteck in Weiß auf den Deckel. Die Farbe wieder gut trocknen lassen.

2 Die Kronenspitzen werden wie beim Bilderrahmen beschrieben gemacht, aber aus 1,8 cm großen Kreisen. Den unteren Teil der Krone wie links beschrieben anfertigen.

3 Für die Punkte wickle vier Streifen von je 10 cm eng um den Quillingstab und klebe die Enden fest.

4 Für die Tropfen quille vier Streifen von je 10 cm zu 8 mm großen Kreisen und drücke sie zurecht.

5 Alle Teile auf die Truhe kleben.

Unterwasserwelt

mit Fischen und Seesternen

MOTIVHÖHE
ca. 24 cm

MATERIAL
* rechteckiges Glas, 18 cm x 9,5 cm, 23,5 cm hoch
* grober Sand in Natur
* 12 Wackelaugen, ø 8 mm
* Tonkarton in Türkis, A4

Tonpapierstreifen in
* 3 x Türkis, 1,3 cm breit, 30 cm lang
* 4 x Hellgrün, 1,3 cm breit, 30 cm lang
* 3 x Dunkelblau, 1,3 cm breit, 30 cm lang
* 4 x Hellblau, 1,3 cm breit, 30 cm lang
* 5 x Orange, 1,3 cm breit, 30 cm lang
* 6 x Gelb, 1,3 cm breit, 30 cm lang
* 2 x Rot, 1,3 cm breit, 30 cm lang

1 Stelle das Glas umgekehrt auf den Tonkarton und zeichne die Umrisse mit einem Bleistift nach. Verlängere alle Linien um 1 cm und zeichnen so noch ein größeres Rechteck um das kleine.

2 Dann schneidest du an allen langen Kanten den Rand 1 cm vom kurzen Rand entfernt bis zur inneren Linie ein.

3 Knicke nun die kurzen Seiten an beiden Enden 1 cm um. Falte danach die Enden der langen Seiten entlang der innen aufgemalten Linie. Nun kannst du den Deckel zusammenkleben.

4 Für die Fischkörper klebe je zwei Streifen der gleichen Farbe aneinander und kürze den langen Streifen dann auf 50 cm Länge. Quille daraus einen Kreis von 3,7 cm. Die inneren Rundungen zum Rand ziehen und festkleben.

5 Die hintere Fischflosse besteht aus einem Streifen. Quille diesen auf 2,5 cm und forme den Kreis zu einem Halbmond. Der Halbmond wird mit der Rundung an den Körper geklebt.

6 Die obere Flosse machst du aus einem 10 cm langen Streifen. Quille seine Enden in die entgegengesetzte Richtung, bis nur noch 5 cm übrig bleiben. Dieser Streifen wird wie eine Welle an den Körper geklebt.

7 Für die untere Flosse brauchst du auch einen 10 cm langen Streifen. Knicke ihn in der Mitte und rolle die Enden des „V“ mithilfe des Quillingstabes auf, eines nach innen, das andere nach außen. 1 cm bleibt jeweils übrig.

8 Für den Fischmund knickst du einen 10 cm langen Streifen in der Mitte und rollst beide Seiten wie ein Herz auf.

9 Klebe alle Teile der Fische zusammen und setze die Wackelaugen auf.

10 Nun sind die Seesterne dran: Du brauchst für jedes Tier fünf Streifen von 30 cm Länge. Quille daraus 2,5 cm große Kreise und drücke sie an zwei gegenüberliegenden Seiten spitz zulaufend zusammen. Klebe die Blattformen zu Sternen zusammen und setze die Wackelaugen auf.

11 Stich mit einer Nadel ein Loch in die oberen Seitenflossen der Fische, ziehe einen Nylonfaden durch und verknote das Ende. Das andere Fadenende mit Klebeband in den Deckel kleben. Probiere aus, wie lang die Nylonfäden sein müssen, damit die Fische frei im Aquarium hängen.

12 Fülle Sand in das Glas und drücke die Seesterne hinein. Dann kannst du den Deckel aufsetzen.

Eng gewickelte, kunterbunte Papierspiralen und luftig gedrehte Blütenblätter machen die Blumenstecker zu Blickfängen.

Schöne Blumenstecker

blühen das ganze Jahr

MOTIVHÖHE
ca. 31 cm

MATERIAL
* 2 Rundholzstäbe, ø 5 mm, 31 cm lang
* Acrylfarbe in Grün

ZUSÄTZLICH
GELBE BLUME
Tonpapierstreifen in
* 4 x Türkis, 1,3 cm breit, 30 cm lang
* 6 x Flieder, 1,3 cm breit, 30 cm lang
* 8 x Gelb, 1,3 cm breit, 30 cm lang
* 12 x Grün, 1,3 cm breit, 30 cm lang

TÜRKISFARBENE BLUME
Tonpapierstreifen in
* 4 x Gelb, 1,3 cm breit, 30 cm lang
* 6 x Orange, 1,3 cm breit, 30 cm lang
* 8 x Türkis, 1,3 cm breit, 30 cm lang
* 12 x Grün, 1,3 cm breit, 30 cm lang

1 Streiche die Rundholzstäbe in Grün. Die Farbe gut trocknen lassen.

2 Dann mache die Blütenmitten. Für die gelbe Blume klebe einen Streifen in Türkis, zwei Streifen in Flieder, drei Streifen in Türkis und vier Streifen in Flieder zusammen und wickle sie um den Rundholzstab. Klebe den Anfang und das Ende fest, dann kann nichts verrutschen.

3 Die Blütenmitte der türkisfarbenen Blume besteht aus einem Streifen in Gelb, zwei Streifen in Orange, drei Streifen in Gelb und vier Streifen in Orange.

4 Für die Blütenblätter klebe je einen 32 cm und einen 10 cm langen Streifen zusammen und quille daraus 2,7 cm große Kreise. Die inneren Rundungen zur Seite ziehen und festkleben.

5 Für die Blätter drei Streifen in Grün zusammenkleben und auf 4,5 cm Größe quillen. Forme daraus Tropfen. Immer zwei Tropfen ergeben ein Herz.

6 Klebe die Blütenblätter und die Blätter wie abgebildet an die Stiele.

Spinnennetz

ganz schön gruselig

MOTIVHÖHE
ca. 30 cm

MATERIAL

* Mobileaufhängung aus Holz, ø 30 cm
* Acrylfarbe in Weiß
* Chiffonband in Weiß, 3 mm breit, 10 m lang
* 6 Wackelaugen, ø 8 mm
* 3 Chenilledrahtstäbe in Schwarz, 50 cm lang

Tonpapierstreifen in

* 4 x Schwarz, 1,3 cm breit, 30 cm lang

1 Bemale die Mobileaufhängung in Weiß und lass die Farbe gut trocknen. Danach klebst du die Teile zusammen.

2 Klebe für die Spinnenkörper je einen 30 cm langen und einen 10 cm langen Streifen zusammen und quille daraus 3,5 cm große Kreise. Die inneren Rundungen zur Seite ziehen und festkleben.

3 Für die Spinnenbeine 8 cm lange Chenilledrahtstücke zuschneiden. Knicke den Draht an einem Ende ca. 1 cm um, das sind die Füße. Knicke den restlichen Draht mehrmals unregelmäßig, bevor du ihn seitlich an den Körper klebst. Setze dann die Wackelaugen auf.

4 Das Chiffonband klebst du innen nahe der Mitte an die Aufhängung. Wickle das Band von innen nach außen wie abgebildet um jeden Mobilestab. Umwickle das ganze Gestell. Das Ende verknoten.

5 Zuletzt klebst du die Spinnen an den Füßen auf das Spinnennetz.

Sorgen für Farbenfreude am Fenster: Zwei kunterbunte Schmetterlinge und eine adrette Blüte.

Schmetterlinge und Blume

zarte Fensterkette

MOTIVHÖHE
ca. 30 cm

MATERIAL SCHMETTERLING
* Tonpapierreste in Braun, Beige, Rosa, Gelb und Hautfarbe
* Papierdraht in Gelb und Rosa, ø 2 mm, je 8 cm lang
* 4 Perlen in Grün, ø 9 mm
* Motivlocher: Herz, ø 1,5 cm

Tonpapierstreifen in
* 2 x Hautfarbe, 1,3 cm breit, 30 cm lang
* 5 x Rosa, 1,3 cm breit, 30 cm lang
* 7 x Lila, 1,3 cm breit, 30 cm lang
* 4 x Orange, 1,3 cm breit, 30 cm lang
* 4 x Gelb, 1,3 cm breit, 30 cm lang
* 4 x Türkis, 1,3 cm breit, 30 cm lang

VORLAGE
Bogen A

1 Quille für den Schmetterlingskörper einen Streifen in Hautfarbe zu einem 3 cm großen Kreis, den du zu einem Oval drückst.

2 Für die Flügel klebe jeweils zwei Streifen der gleichen Farbe aneinander und quille sie zu Kreisen. Die oberen Flügel sind 3,5 cm, die unteren 3,3 cm groß. Ziehe die Rundungen zu einer Seite und klebe sie fest.

3 Nun Körper und Gesicht ausschneiden, bemalen und zusammenkleben.

4 Teile den Papierdraht in vier Stücke von 4 cm und stecke am Ende jeweils eine Perle auf (vorher etwas Kleber auf das Drahtende geben). Klebe die Fühler hinter die Köpfe.

5 Für die Blumenmitte jeweils einen 15 cm langen Streifen in Rosa und in Lila zusammenkleben und eng um einen Quillingstab wickeln. Das Ende festkleben.

6 Für die Blumenblätter quille sechs Streifen zu Kreisen von 2,7 cm. Forme daraus Tropfen.

7 Schmetterlinge und Blumen zusammenkleben. Die Motive mit Nylonfaden aneinanderhängen.

Türschild für Jungs

Pirat Luis heißt Willkommen

MOTIVHÖHE
ca. 15 cm

MATERIAL
* ovale Holzplatte in Natur, 5 mm stark, 22,5 cm x 15,5 cm
* Acrylfarbe in Hellblau und Lila
* Tonpapierreste in Hautfarbe, Gold und Schwarz
* Klebezahlen in Gold, 1 cm hoch
* Motivlocher: Kreis, ø 1,5 cm

Tonpapierstreifen in
* 3 x Hautfarbe, 1,3 mm breit, 30 cm lang
* 2 x Flieder, 1,3 mm breit, 30 cm lang
* 5 x Blau, 1,3 mm breit, 30 cm lang
* 1 x Schwarz, 1,3 mm breit, 30 cm lang
* 3 x Gold, 5 mm breit, 30 cm lang

VORLAGE
Bogen B

1 Bemale die Holzplatte in Hellblau, den Rand nach dem Trocknen in Lila.

2 Für das Oberteil des Piraten quille einen blauen Streifen zu einem Kreis von 2,7 cm. Drücke unten ein 2,5 cm langes Stück gerade.

3 Für den Kopf quille einen hautfarbenen Streifen zu einem Kreis von 2,5 cm.

4 Für die Arme knicke einen hautfarbenen Streifen in der Mitte und rolle die Enden jeweils bis auf 3,5 cm von beiden Seiten nach innen auf.

5 Für jeden Fuß brauchst du einen 16 cm langen schwarzen Streifen, den du zu einem Kreis von 1,5 cm quillst und zu einem Tropfen formst.

6 Für die Hose quille jeweils einen fliederfarbenen Streifen zu einem 2,7 cm großen Kreis und drücke die gegenüberliegenden Enden spitz zulaufend zusammen.

7 Die Beine sind 1,5 cm lang, diese am Ende 5 mm umbiegen. Klebe die Füße daran fest.

8 Die Buchstaben sind aus 10 cm langen Streifen gefertigt.

9 Für die Goldstücke rollst du sechs 15 cm lange Streifen eng auf. Stanze die Goldstücke aus und klebe die Zahlen auf.

10 Nun brauchst du nur noch das Gesicht – einfach ausschneiden, bemalen und auf den Kopf kleben. Anschließend kannst du alles auf dem Schild zusammenkleben.

Hinweis: Für längere Namen brauchst du mehr blaue Streifen.

LUIS
Mobil 1
vodafone

Türschild für Mädchen

mit freundlicher Blumenfee

MOTIVHÖHE
ca. 15 cm

MATERIAL
* ovale Holzplatte in Natur, 5 mm stark, 22,5 cm x 15,5 cm
* Acrylfarbe in Mango und Rosa
* Tonpapierrest in Hautfarbe

Tonpapierstreifen in
* 7 x Rosa, 1,3 cm breit, 30 cm lang
* 3 x Hautfarbe, 1,3 cm breit, 30 cm lang
* 3 x Hellgrün, 1,3 cm breit, 30 cm lang
* 3 x Flieder 1,3 cm breit, 30 cm lang
* 3 x Gelb, 5 mm breit, 30 cm lang

VORLAGE
Bogen B

1 Bemale die Holzplatte in Mango, den Rand nach dem Trocknen in Rosa (7 mm breit).

2 Für das Oberteil quille einen rosa Streifen zu einem Kreis von 2,7 cm. Drücke unten ein 2,5 cm langes Stück gerade.

3 Für den Rock brauchst du vier 2,7 cm große rosafarbene Kreise, die du zu Tropfen formst.

4 Für den Kopf quillst du einen hautfarbenen Streifen zu einem Kreis von 2,5 cm.

5 Für die Arme knicke einen hautfarbenen Streifen in der Mitte und rolle die Enden jeweils bis auf 3,5 cm von beiden Seiten nach innen auf.

6 Für jeden Fuß brauchst du einen 16 cm langen fliederfarbenen Streifen, den du zu einem Kreis von 1,5 cm quillst und zu einem Tropfen formst.

7 Für die Beine einen 4 cm langen Streifen in der Mitte knicken und zusammenkleben.

8 Das Gesicht des Mädchens ausschneiden, bemalen und auf den Kopf kleben. Für die Mädchenhaare brauchst du drei gelbe, 25 cm lange Streifen. Wickle sie zum Locken einzeln ca. 12 cm hoch schräg um den Quillingstab, bevor du sie auf den Kopf klebst.

9 Für die Rosen quille fünf Streifen von je 10 cm Länge zu 9 mm großen Kreisen. Die Blätter bestehen aus 15 cm langen Streifen. Daraus quillst du 1,3 cm große Kreise und formst sie zu Blättern. Die Stiele sind jeweils 2,5 cm lang.

10 Für die Buchstaben 10 cm lange Streifen schneiden und zurechtformen. Die Mitte der Buchstaben „E“ und „A“ sind je 5 cm lang. Knicke sie an den Enden um und klebe sie in die Buchstaben.

Hinweis: Für längere Namen brauchst du mehr rosafarbene Streifen.

LEA

Die freundliche Kuh bringt Glück ins Haus.

Eine freundliche Kuh

alles im Rahmen

MOTIVHÖHE
ca. 18 cm

MATERIAL

* Holzbilderrahmen in Natur, 18 cm x 18 cm (Innenausschnitt 8 cm x 8 cm)
* Tonkarton in Hellgrün-Rosa gepunktet, 9 cm x 9 cm
* Tonpapierreste in Weiß, Schwarz und Rosa
* Acrylfarbe in Hellblau
* Glöckchen in Gold, ø 8 mm

Tonpapierstreifen in

* 7 x Hellgrün, 1,3 cm breit, 30 cm lang
* 1 x Schwarz, 1,3 mm breit, 30 cm lang
* 5 x Weiß, 1,3 mm breit, 30 cm lang

VORLAGE
Bogen A

1 Streiche den Bilderrahmen und lass die Farbe gut trocknen. Klebe danach das Papier hinter den Ausschnitt.

2 Danach klebe für den Kuhkörper drei weiße Streifen aneinander und quille den Streifen zu einem 4 cm großen Kreis. Die inneren Rundungen zum Rand ziehen und festkleben.

3 Für den Kopf einen 30 cm langen Streifen in Weiß auf 2 cm Durchmesser quillen und am Körper festkleben.

4 Die Füße bestehen aus zwei je 15 cm langen Streifen. Quille daraus 1,5 cm große Kreise und drücke sie in eine viereckige Form.

5 Für den Kuhschwanz rollst du einen 12 cm langen schwarzen Streifen bis auf einen Rest von 2 cm auf und klebst das Ende der Rundung fest. Drücke dann die gegenüberliegenden Seiten spitz zulaufend zusammen. Das Streifenende 5 mm umbiegen, mit Klebstoff bestreichen und am Körper festkleben.

6 Die Kleeblätter bestehen aus 10 cm langen Streifen. Quille daraus 1,2 cm große Kreise, die du zu Tropfen drückst. Der Stiel ist 2 cm lang.

7 Klebe alles zusammen und auf den Bilderrahmen. Die Kuh bekommt noch ein Glöckchen angeklebt.

Gudrun Schmitt wurde 1963 in Fulda geboren und hat vier, in der Zwischenzeit schon fast erwachsene Kinder. Sie hat schon immer gerne gemalt und gebastelt; das Vorbild waren die Eltern, die bis heute mit viel Freude und Fantasie kreative Dinge herstellen. Nach dem Schulabschluss erlernte sie den eigentlich unkreativen Beruf der Bankkauffrau. Nach der Geburt des ersten Sohnes flammte aber die Leidenschaft zum Basteln wieder auf. In den folgenden Jahren leitete sie Kinderkreativkurse und Seidenmalkurse in verschiedenen Familienbildungsstätten. 1998 erschien in Zusammenarbeit mit ihrer Schwester das erste Kreativbuch im frechverlag.

DANKE!

Ich danke der Firma Rayher, Laupheim, für die freundliche Bereitstellung von Material. Meinem Mann danke ich herzlich für seine tatkräftige Unterstützung bei diesem Buchprojekt.

IMPRESSUM

FOTOS: frechverlag GmbH, 70499 Stuttgart; lichtpunkt, Michael Ruder, Stuttgart
PRODUKTMANAGEMENT: Claudia Mack
LEKTORAT: Monique Rahner, Texthaus Rahner, Schwäbisch Gmünd
LAYOUT: Atelier Schwab, Handewitt
DRUCK: frechdruck GmbH, Stuttgart

6. Auflage 2015

ISBN 978-3-7724-3889-9 • Best.-Nr. 3889 PRINTED IN GERMANY